Impressum
Verlag: BABADADA GmbH, Nedderfeld 112 , 22529 Hamburg
Geschäftsführer / Verlagsleitung: Harald Hof
Druck: Books on Demand GmbH, In de Tarpen 42, 22848 Norderstedt

Imprint
Publisher: BABADADA GmbH, Nedderfeld 112 , 22529 Hamburg, Germany
Managing Director / Publishing direction: Harald Hof
Print: Books on Demand GmbH, In de Tarpen 42, 22848 Norderstedt

colegio

l'école

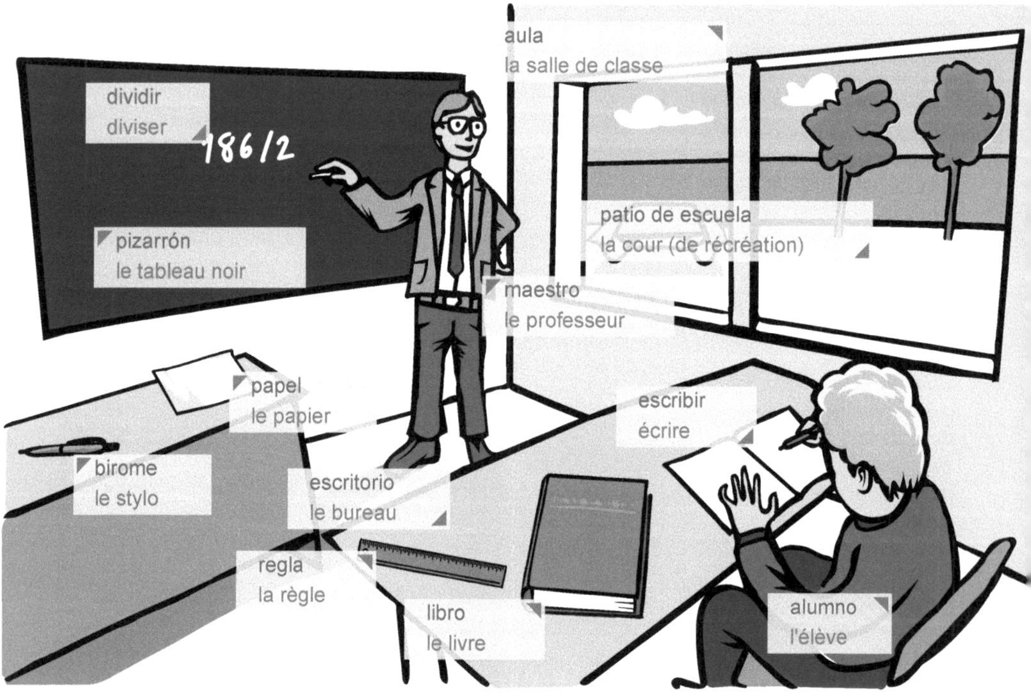
aula
la salle de classe
dividir
diviser
186/2
pizarrón
le tableau noir
patio de escuela
la cour (de récréation)
maestro
le professeur
papel
le papier
escribir
écrire
birome
le stylo
escritorio
le bureau
regla
la règle
libro
le livre
alumno
l'élève

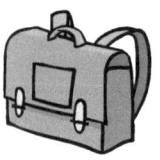

mochila

le cartable

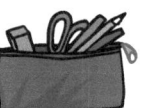

caja de lápices

la trousse

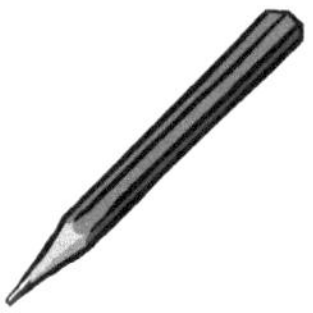

lápiz

le crayon

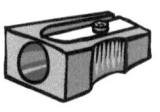

sacapuntas

le taille-crayon

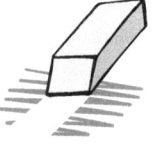

goma (de borrar)

la gomme

bloc de dibujo

le carnet à dessin

dibujo

le dessin

pincel

le pinceau

caja de pinturas

la boîte de peinture

tijera

les ciseaux

pegamento

la colle

cuaderno de ejercicios

le cahier d'exercices

tarea

les devoirs

número

le chiffre

2+2

sumar

additionner

5-2

restar

soustraire

2×2

multiplicar

multiplier

calcular

calculer

A

letra

la lettre

ABCDEFG
HIJKLMN
OPQRSTU
VWXYZ

abecedario

l'alphabet

palabra

le mot

texto

le texte

leer

lire

tiza

la craie

lección

la leçon

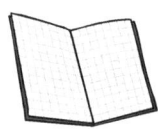

cuaderno de clase

le livre de classe

examen

l'examen

certificado

le certificat

uniforme escolar

l'uniforme scolaire

educación

la formation

enciclopedia

le lexique

universidad

l'université

microscopio

le microscope

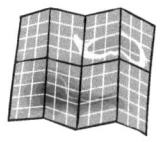

mapa

la carte

tacho (de basura)

la corbeille à papier

viaje
le voyage

hotel
l'hôtel
Grand
hostel
l'auberge
ROOMS
casa de cambio
le bureau de change
CHANGE
valija
la valise
auto
la voiture

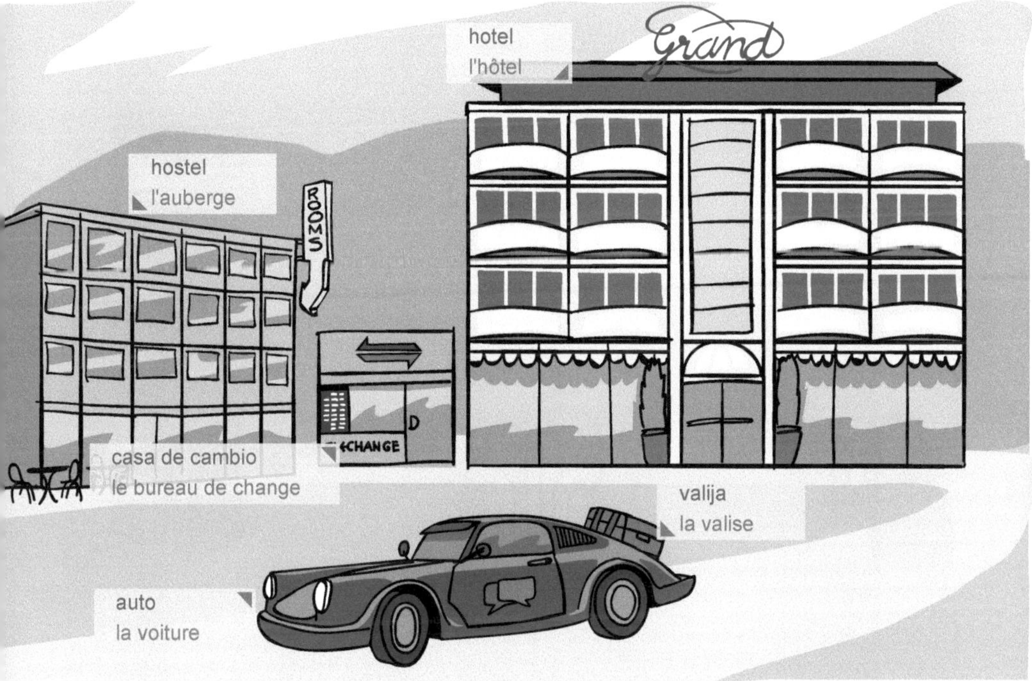

idioma

la langue

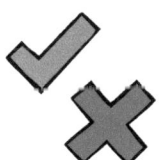

sí / no

oui / non

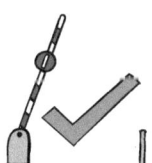

Está bien

d'accord

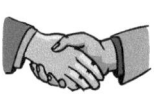

hola

Salut

traductor

l'interprète

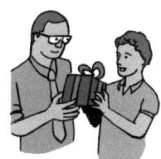

Gracias

merci

¿cuánto cuesta...?

Combien coûte...?

No entiendo

Je ne comprends pas

problema

le problème

¡Buenas tardes!

Bonsoir !

¡Buenos días!

Bonjour !

¡Buenas noches!

Bonne nuit !

adiós

Au revoir

dirección

la direction

equipaje

les bagages

bolso

le sac

mochila

le sac-à-dos

invitado

l'hôte

habitación

la pièce

bolsa de dormir

le sac de couchage

carpa

la tente

información turística

l'office de tourisme

playa

la plage

tarjeta de crédito

la carte de crédit

desayuno

le petit-déjeuner

almuerzo

le déjeuner

cena

le dîner

pasaje

le billet

ascensor

l'ascenseur

sello

le timbre

frontera

la frontière

aduana

la douane

embajada

l'ambassade

visa

le visa

pasaporte

le passeport

transporte
le transport

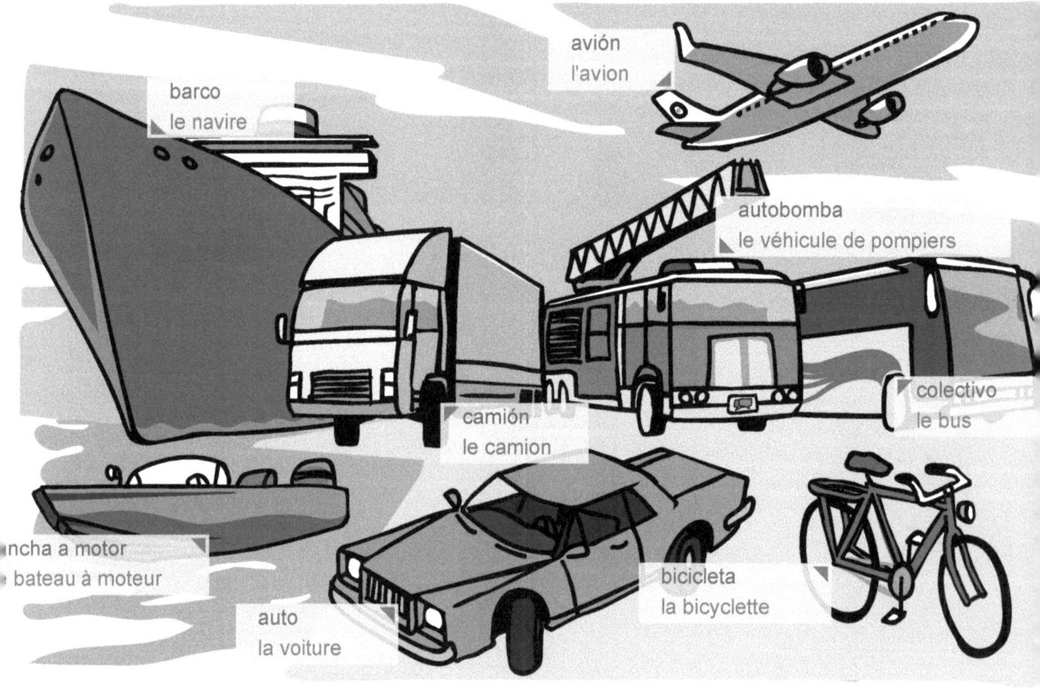
avión
l'avion
barco
le navire
autobomba
le véhicule de pompiers
colectivo
le bus
camión
le camion
ncha a motor
bateau à moteur
bicicleta
la bicyclette
auto
la voiture

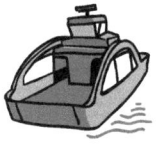

ferry
le ferry

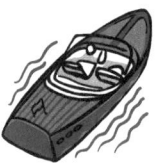

bote
la barque

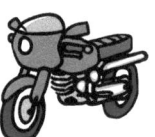

moto
la moto

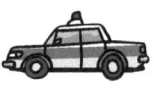

patrullero
la voiture de police

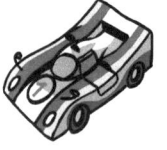

auto de carreras
la voiture de course

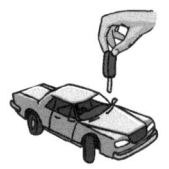

auto de alquiler
la voiture de location

alquiler de autos
l'auto-partage

grúa
la voiture de remorquage

camión de basura
la benne à ordures

motor
le moteur

nafta
l'essence

estación de servicio
la station d'essence

señal de tránsito
le panneau indicateur

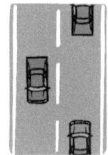

tránsito
le trafic

embotellamiento
l'embouteillage

estacionamiento
le parking

estación de tren
la gare

vías
les rails

tren
le train

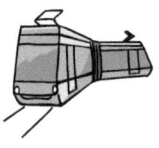

tranvía
le tramway

vagón
le wagon

helicóptero

l'hélicoptère

aeropuerto

l'aéroport

torre

la tour

pasajero

le passager

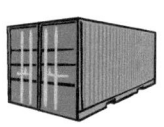

contenedor

le conteneur

caja de cartón

le carton

carretilla

le chariot

canasta

la corbeille

despegar / aterrizar

décoller / atterrir

ciudad

la ville

pueblo

le village

centro de ciudad

le centre-ville

casa

la maison

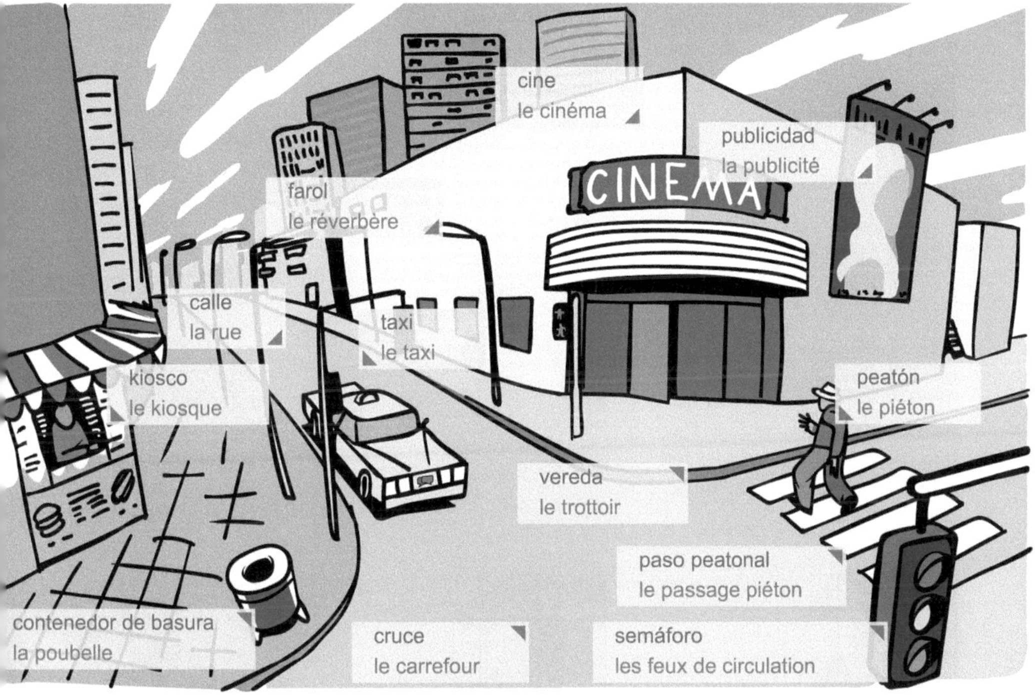

cine
le cinéma
publicidad
la publicité
CINEMA
farol
le réverbère
calle
la rue
taxi
le taxi
kiosco
le kiosque
peatón
le piéton
vereda
le trottoir
paso peatonal
le passage piéton
contenedor de basura
la poubelle
cruce
le carrefour
semáforo
les feux de circulation

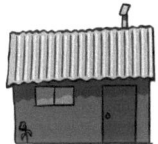

cabaña

la cabane

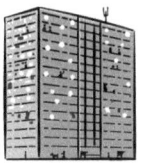

departamento

l'appartement

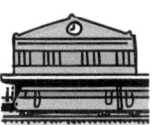

estación de tren

la gare

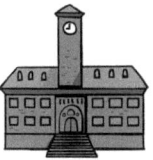

municipalidad

la mairie

MUSEUM

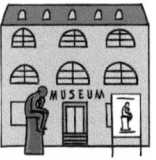

museo

le musée

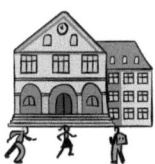

colegio

l'école

universidad

l'université

banco

la banque

hospital

l'hôpital

hotel

l'hôtel

farmacia

la pharmacie

oficina

le bureau

librería

la librairie

negocio

le magasin

florería

le fleuriste

supermercado

le supermarché

mercado

le marché

grandes tiendas

le grand magasin

pescadería

la poissonnerie

centro comercial

le centre commercial

puerto

le port

parque

le parc

banco

la banque

puente

le pont

escaleras

les escaliers

subte

le métro

túnel

le tunnel

parada del colectivo

l'arrêt de bus

bar

le bar

restaurante

le restaurant

buzón

la boîte à lettres

letrero

le panneau indicateur

parquímetro

le parcmètre

zoológico

le zoo

pileta

le réverbère

mezquita

la mosquée

granja
la ferme

contaminación
la pollution

cementerio
la cimetière

iglesia
l'église

juegos infantiles
l'aire de jeux

templo
le temple

paisaje
le paysage

hoja
la feuille

poste indicador
le panneau indicateur

camino
le chemin

pradera
le pré

piedra
la pierre

árbol
l'arbre

excursionista
le randonneur

río
la rivière

hierba
l'herbe

flor
la fleur

valle

la vallée

montaña

la montagne

lago

le lac

bosque

la forêt

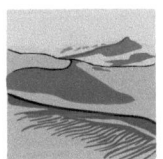

desierto

le désert

volcán

le volcan

castillo

le château

arco iris

l'arc-en-ciel

champiñón

le champignon

palmera

le palmier

mosquito

le moustique

mosca

la mouche

hormiga

les fourmis

abeja

l'abeille

araña

l'araignée

escarabajo

le coléoptère

rana

la grenouille

ardilla

l'écureuil

erizo

le hérisson

liebre

le lièvre

lechuza

la chouette

pájaro

l'oiseau

cisne

le cygne

jabalí

le sanglier

ciervo

le cerf

alce

l'élan

presa

le barrage

aerogenerador

l'éolienne

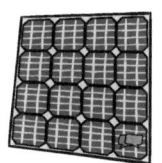

panel solar

le panneau solaire

clima

le climat

mozo
le serveur

menú
le menu

silla
la chaise

sopa
la soupe

pizza
la pizza

mantel
la nappe

cubiertos
les couverts

entrada
les hors d'œuvre

plato principal
le plat principal

postre
le dessert

bebidas
les boissons

comida
l'alimentation

botella
la bouteille

comida rápida
le fast-food

comida callejera
les plats à emporter

tetera
la théière

azucarera
le sucrier

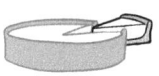

porción
la portion

cafetera expreso
la machine à expresso

sillita alta
la chaise haute

cuenta
la facture

bandeja
le plateau

cuchillo
le couteau

tenedor
la fourchette

cuchara
la cuillère

cucharita
la cuillère à thé

servilleta
la serviette

vaso
le verre

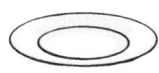

plato
l'assiette

plato hondo
l'assiette à soupe

plato
la soucoupe

salsa
la sauce

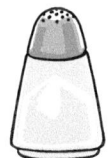

salero
la salière

molinillo de pimienta
le moulin à poivre

vinagre
le vinaigre

aceite
l'huile

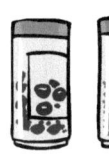

especias
les épices

kétchup
le ketchup

mostaza
la moutarde

mayonesa
la mayonnaise

supermercado
le supermarché

oferta especial
l'offre promotionnelle
FOR
cliente
le client
lácteos
les produits laitiers
fruta
les fruits
changuito
le chariot

BUTCHERS

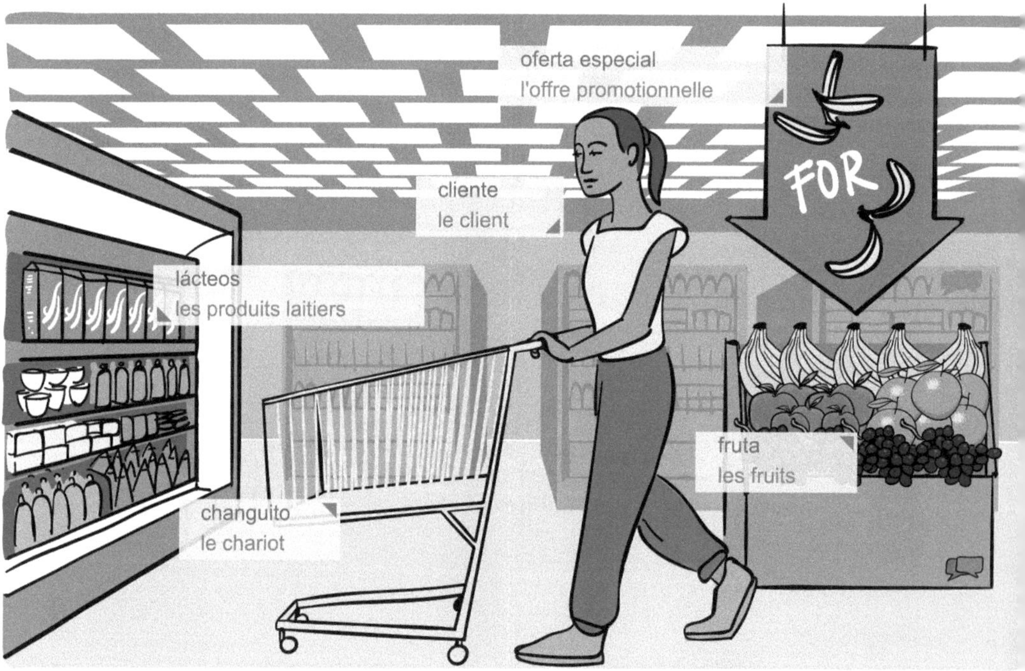

carnicería
la boucherie

BAKERY

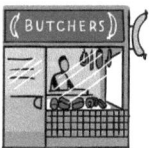

panadería
la boulangerie

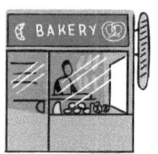

pesar
peser

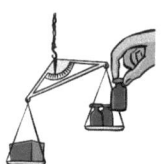

verduras
les légumes

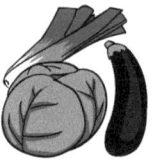

carne
la viande

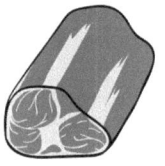

alimentos congelados
les aliments surgelés

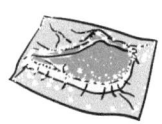

fiambres

la charcuterie

alimentos enlatados

les conserves

detergente en polvo

la poudre à lessive

golosinas

les bonbons

electrodomésticos

les articles ménagers

productos de limpieza

les détergents

vendedora

la vendeuse

caja

la caisse

cajero

le caissier

lista de compras

la liste d'achats

horario de atención

les heures d'ouverture

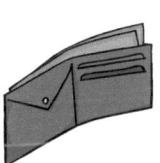

billetera

le portefeuille

tarjeta de crédito

la carte de crédit

cartera

le sac

bolsa de plástico

le sac en plastique

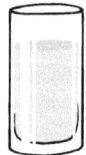

agua

l'eau

jugo

le jus de fruit

leche

le lait

bebida cola

le coca

vino

le vin

cerveza

la bière

alcohol

l'alcool

cacao

le chocolat chaud

té

le thé

café

le café

café expreso

l'expresso

cappuccino

le cappuccino

banana

la banane

manzana

la pomme

naranja

l'orange

melón

le melon

limón

le citron.

zanahoria

la carotte

ajo

l'ail

bambú

le bambou

cebolla

l'oignon

champiñón

le champignon

nueces

les noisettes

fideos

les pâtes

tallarines

les spaghetti

arroz

le riz

ensalada

la salade

papas fritas

les pommes frites

papas fritas

les pommes de terre rôties

pizza

la pizza

hamburguesa

le hamburger

sándwich

le sandwich

churrasco

l'escalope

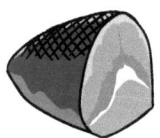

jamón

le jambon

salame

le salami

salchicha

la saucisse

pollo

le poulet

asado

le rôti

pescado

le poisson

copos de avena

les flocons d'avoine

muesli

le muesli

copos de maíz

les cornflakes

harina

la farine

medialuna

le croissant

pancito

les petits-pains

pan

le pain

tostada

le pain grillé

galletitas

les biscuits

manteca

le beurre

cuajada

le fromage blanc

torta

le gâteau

huevo

l'œuf

huevo frito

l'œuf au plat

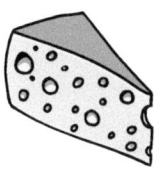

queso

le fromage

comida - l'alimentation

helado

la glace

azúcar

le sucre

miel

le miel

mermelada

la confiture

pasta de chocolate

la crème nougat

curry

le curry

granja
la ferme

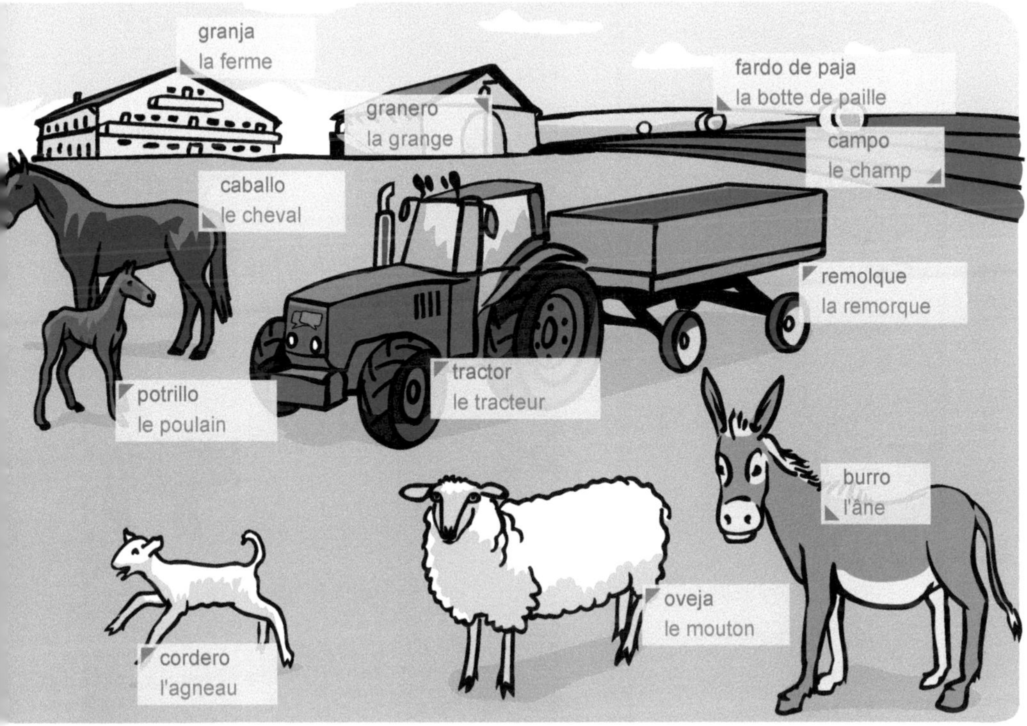
granja
la ferme
granero
la grange
fardo de paja
la botte de paille
campo
le champ
caballo
le cheval
remolque
la remorque
potrillo
le poulain
tractor
le tracteur
burro
l'âne
oveja
le mouton
cordero
l'agneau

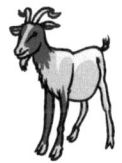

cabra
la chèvre

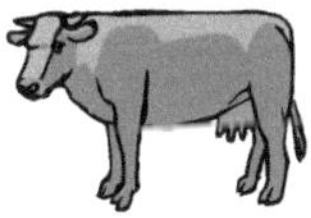

vaca
la vache

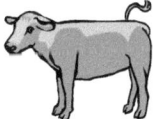

ternero
le veau

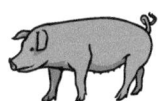

cerdo
le porc

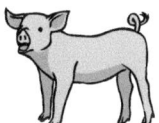

lechón
le porcelet

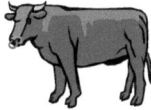

toro
le taureau

ganso

l'oie

pato

le canard

pollo

le poussin

gallina

la poule

gallo

le coq

rata

le rat

gato

le chat

ratón

la souris

buey

le bœuf

perro

le chien

cucha

le chenil

manguera

le tuyau de jardin

regadera

l'arrosoir

guadaña

la faucheuse

arado

la charrue

hoz

la faucille

azada

la pioche

horquilla

la fourche

hacha

la hache

carretilla

la brouette

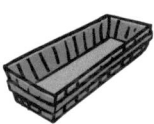

abrevadero

la cuve

lechera

le pot à lait

bolsa

le sac

reja

la clôture

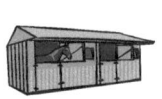

establo

l'étable

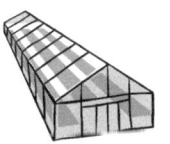

invernadero

le serre

suelo

le sol

semilla

les semences

fertilizador

l'engrais

cosechadora

la moissonneuse-batteuse

cosechar

récolter

cosecha

la récolte

batatas

l'igname

trigo

le blé

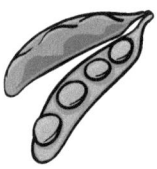

soja

le soja

papa

la pomme de terre

maíz

le maïs

semilla de colza

le colza

árbol frutal

l'arbre fruitier

mandioca

le manioc

cereales

les céréales

casa
la maison

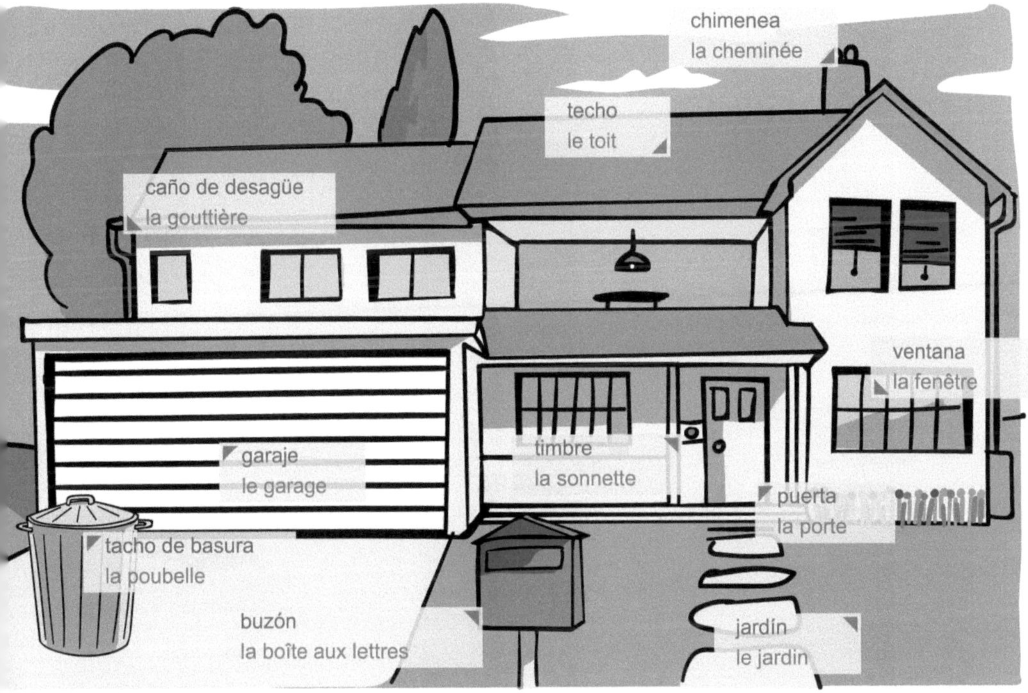
chimenea
la cheminée
techo
le toit
caño de desagüe
la gouttière
ventana
la fenêtre
timbre
la sonnette
garaje
le garage
puerta
la porte
tacho de basura
la poubelle
buzón
la boîte aux lettres
jardín
le jardin

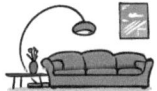

living

le salon

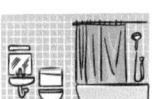

baño

la salle de bain

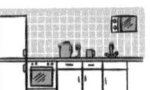

cocina

la cuisine

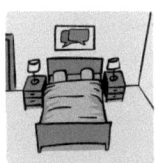

dormitorio

la chambre à coucher

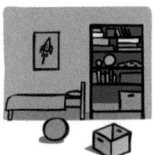

cuarto de los chicos

la chambre d'enfant

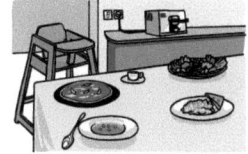

comedor

la salle à manger

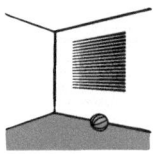

piso
le sol

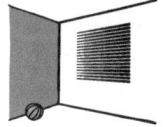

pared
le mur

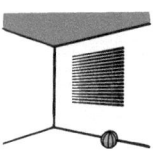

cielorraso
le plafond

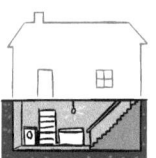

sótano
la cave

sauna
le sauna

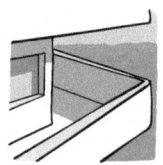

balcón
le balcon

terraza
la terrasse

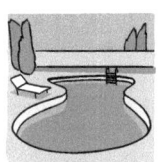

pileta
la piscine

cortadora de pasto
la tondeuse à gazon

sábana
la housse

acolchado
la couette

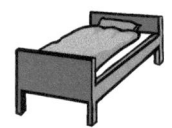

cama
le lit

escoba
le balai

balde
le sceau

interruptor
l'interrupteur

living
le salon

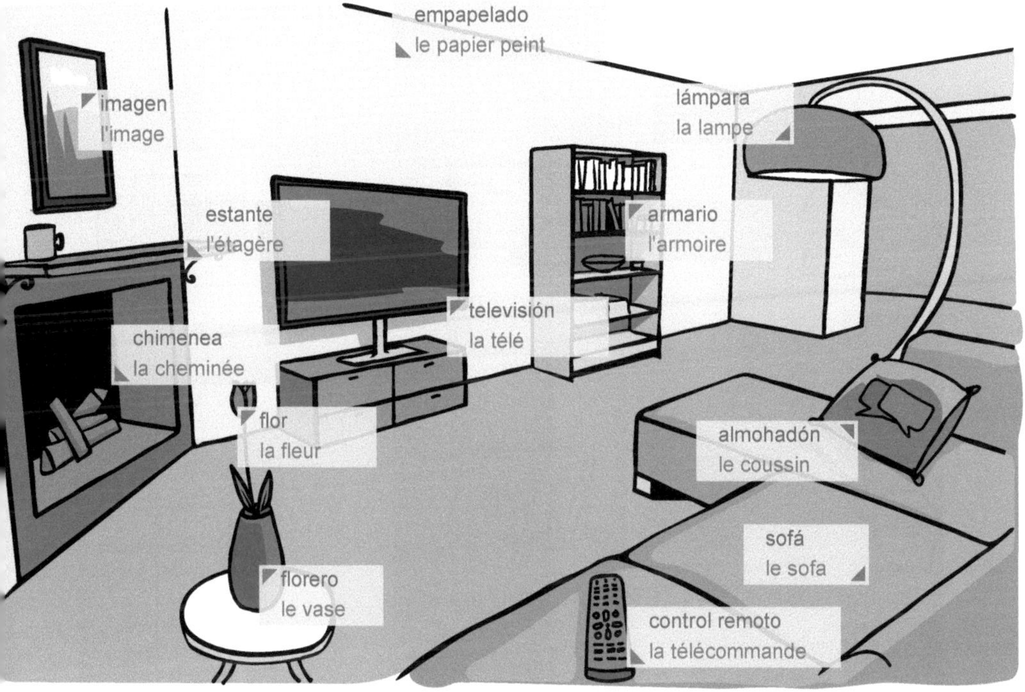
empapelado
le papier peint
imagen
l'image
lámpara
la lampe
estante
l'étagère
armario
l'armoire
televisión
la télé
chimenea
la cheminée
flor
la fleur
almohadón
le coussin
sofá
le sofa
florero
le vase
control remoto
la télécommande

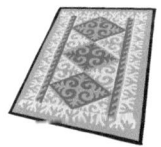

alfombra

le tapis

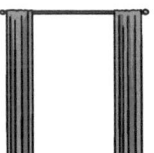

cortina

le rideau

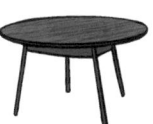

mesa

la table

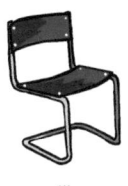

silla

la chaise

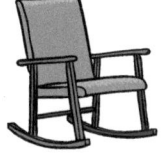

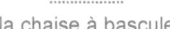

mecedora

la chaise à bascule

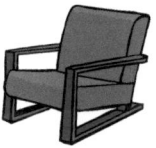

sillón

le fauteuil

libro
le livre

frazada
la couverture

decoración
la décoration

leña
le bois de chauffage

película
le film

equipo de música
la chaîne hi-fi

llave
la clé

diario
le journal

pintura
la peinture

póster
le poster

radio
la radio

cuaderno
le bloc-notes

aspiradora
l'aspirateur

cactus
le cactus

vela
la bougie

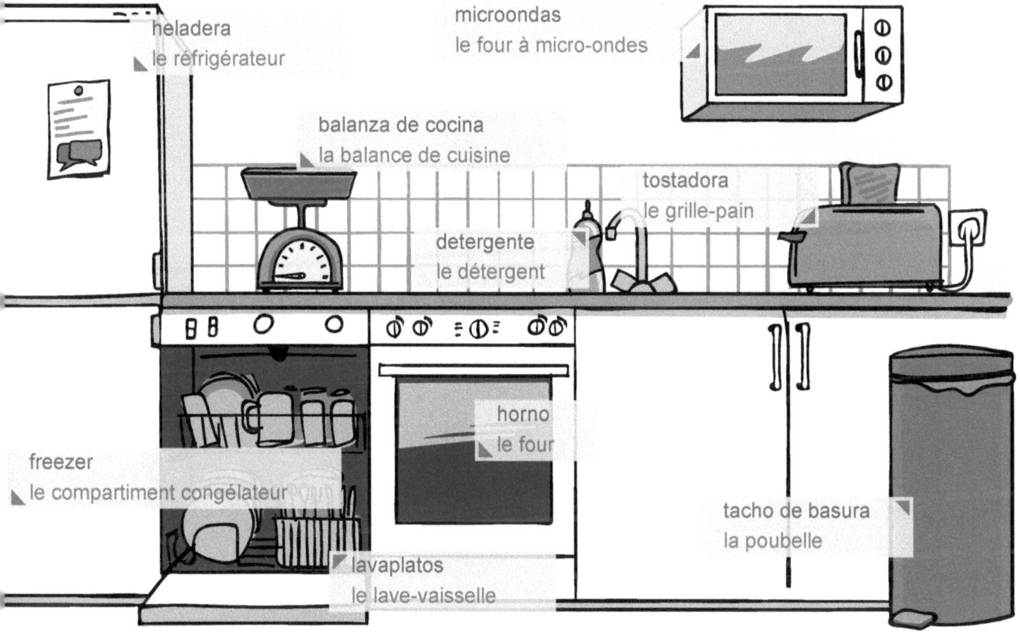

heladera
le réfrigérateur

microondas
le four à micro-ondes

balanza de cocina
la balance de cuisine

tostadora
le grille-pain

detergente
le détergent

horno
le four

freezer
le compartiment congélateur

tacho de basura
la poubelle

lavaplatos
le lave-vaisselle

cocina
le four

olla
la casserole

olla de hierro fundido
la marmite

wok
le wok / kadai

sartén
la poêle

pava
la bouilloire electrique

vaporera

le cuiseur vapeur

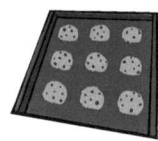

bandeja de horno

la plaque de cuisson

vajilla

la vaisselle

taza

le gobelet

bol

la coupe

palitos

les baguettes

cucharón

la louche

estpátula

la spatule

batidora

le fouet

colador

la passoire

colador

le tamis

rallador

la râpe

mortero

le mortier

parrilla

le barbecue

fogata

la cheminée

tabla de picar

la planche à découper

palo de amasar

le rouleau à pâtisserie

sacacorchos

le tire-bouchon

lata

la boîte

abrelatas

l'ouvre-boîte

manopla

les maniques

pileta

le lavabo

cepillo

la brosse

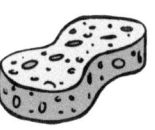

esponja

l'éponge

batidora

le mixeur

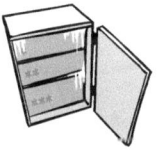

congelador

le congélateur

mamadera

le biberon

canilla

le robinet

baño

la salle de bain

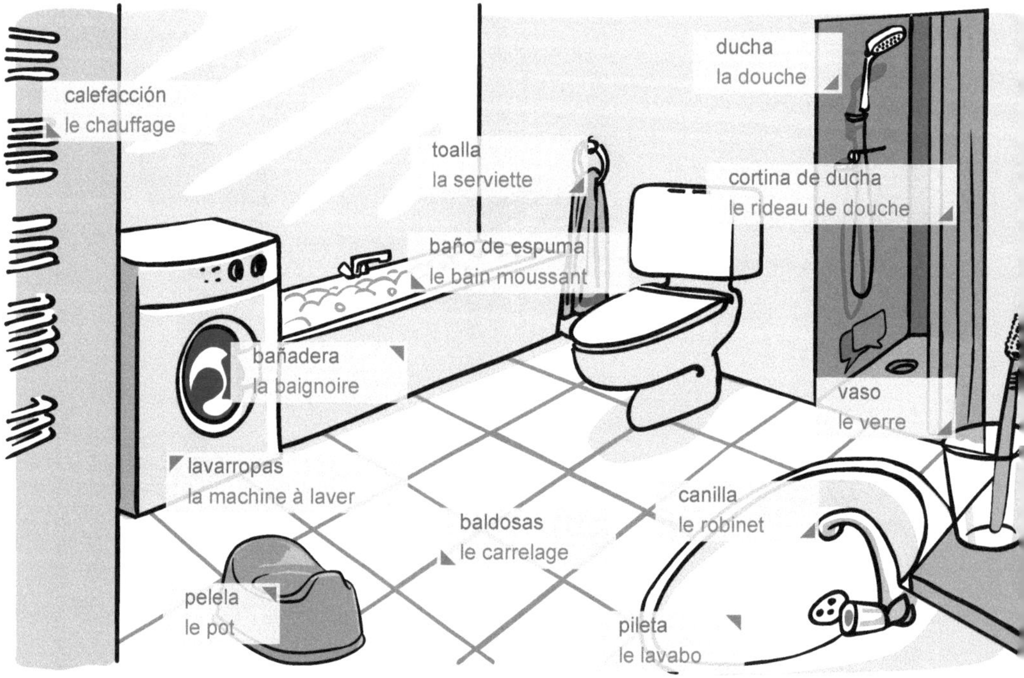

ducha
la douche
calefacción
le chauffage
toalla
la serviette
cortina de ducha
le rideau de douche
baño de espuma
le bain moussant
bañadera
la baignoire
vaso
le verre
lavarropas
la machine à laver
canilla
le robinet
baldosas
le carrelage
pelela
le pot
pileta
le lavabo

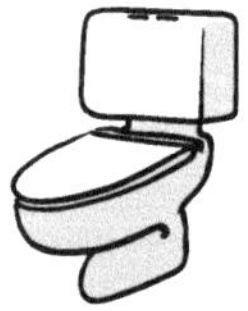

inodoro

les toilettes

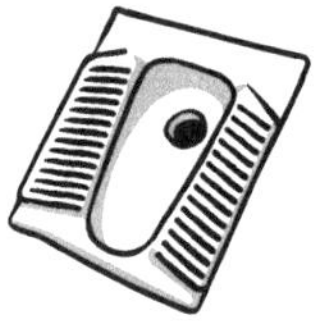

letrina

la toilette à la turque

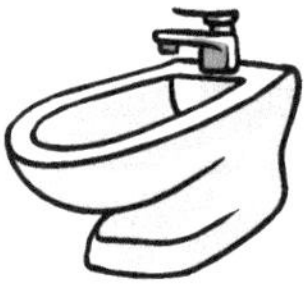

bidé

le bidet

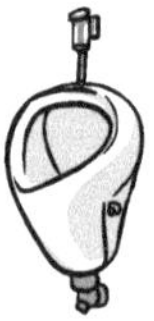

mingitorio

l'urinoir

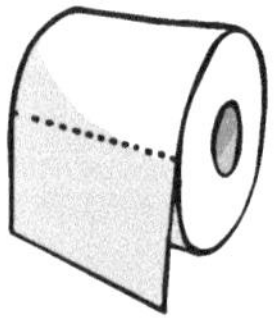

papel higiénico

le papier toilette

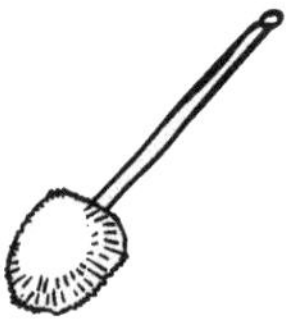

cepillo para el inodoro

la brosse à toilette

cepillo de dientes

la brosse à dents

dentífrico

le dentifrice

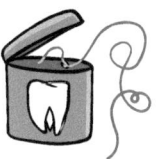

hilo dental

le fil dentaire

lavar

laver

ducha de mano

la douche manuelle

ducha higiénica

la douche intime

palangana

la vasque

cepillo para espalda

la brosse dorsale

jabón

le savon

gel de ducha

le gel douche

shampoo

le shampooing

toallita

le gant de toilette

desagüe

l'écoulement

crema

la crème

desodorante

le déodorant

espejo

le miroir

espejito

le miroir cosmétique

maquinita de afeitar

le rasoir

espuma de afeitar

la mousse à raser

aftershave

l'après-rasage

peine

la peigne

cepillo

la brosse

secador de pelo

le sèche-cheveux

spray

la laque pour cheveux

maquillaje

le fond de teint

lápiz de labios

le rouge à lèvres

esmalte para uñas

le vernis à ongles

algodón

l'ouate

tijera para uñas

le coupe-ongles

perfume

le parfum

portacosméticos

la trousse de toilette

banqueta

le tabouret

balanza

le pèse-personne

bata

le peignoir

guantes de goma

les gants de nettoyage

tampón

le tampon

toallita femenina

les serviettes hygiéniques

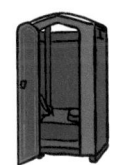

baño químico

la toilette chimique

cuarto de los chicos
la chambre d'enfant

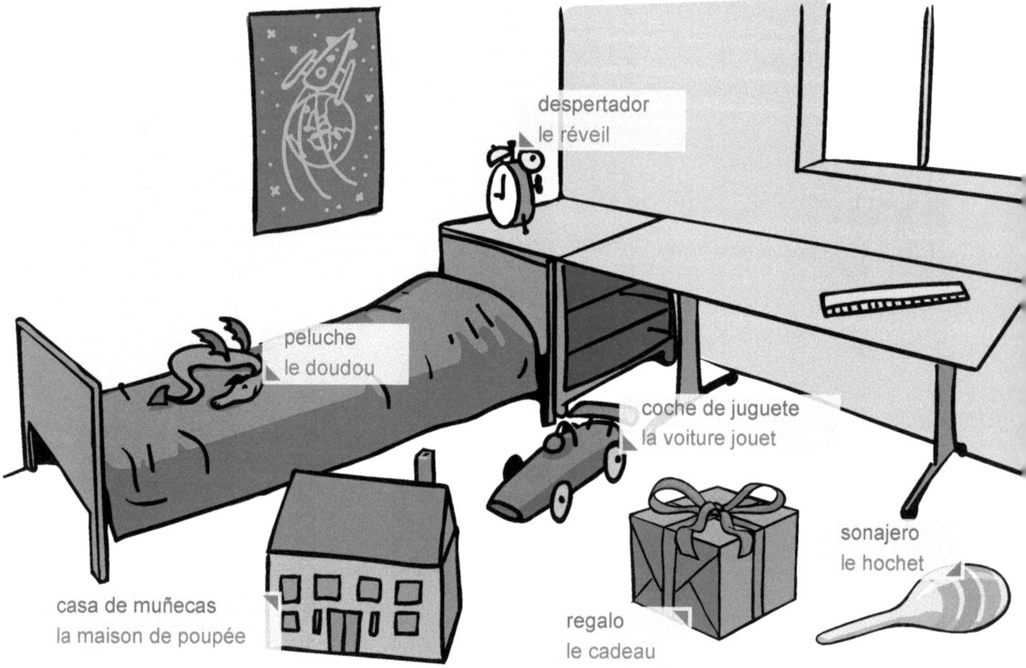

despertador
le réveil
peluche
le doudou
coche de juguete
la voiture jouet
sonajero
le hochet
casa de muñecas
la maison de poupée
regalo
le cadeau

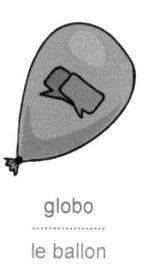

globo

le ballon

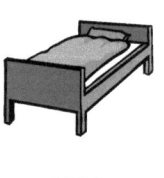

cama

le lit

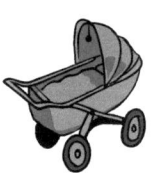

cochecito

la poussette

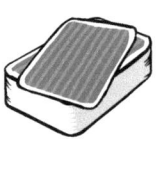

cartas

le jeu de cartes

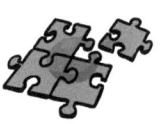

rompecabezas

le puzzle

SUPER
MEGA

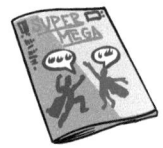

historieta

la bande dessinée

piezas de lego
les pièces lego

ladrillos de juguete
les blocs de construction

figura de acción
la figurine

enterito (de bebé)
la grenouillère

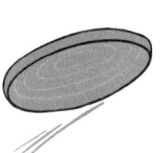

frisbee
le frisbee

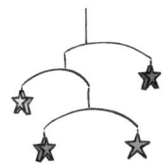

móvil para bebés
le mobile

juego de mesa
le jeu de société

dados
le dé

tren eléctrico
le train miniature

chupete
la sucette

fiesta
la fête

libro de cuentos ilustrado

le livre d'images

pelota
la balle

muñeca
la poupée

jugar
jouer

arenero

le bac à sable

hamaca

la balançoire

juguetes

les jouets

consola de videojuegos

la console de jeu

triciclo

le tricycle

osito de peluche

l'ours en peluche

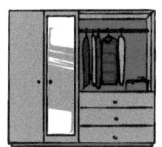

armario

l'armoire

ropa

les vêtements

medias

les chaussettes

medias panty

les bas

calzas

le collant

bufanda
l'écharpe

cinturón
la ceinture

paraguas
le parapluie

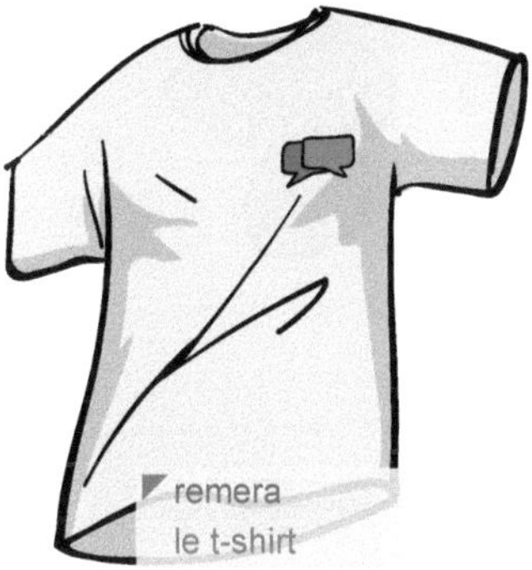

remera
le t-shirt

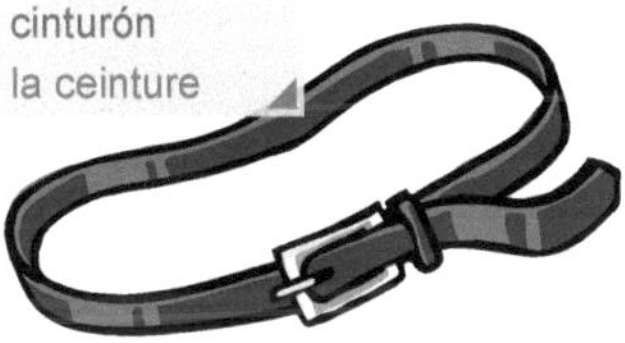

zapatillas
les baskets

botas
les bottes

pantuflas
les pantoufles

sandalias
les sandales

zapatos
les chaussures

botas de goma
les bottes de caoutchouc

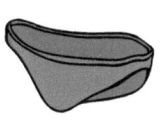
ropa interior
les sous-vêtements

corpiño
le soutien-gorge

chaleco
le maillot de corps

body
le body

pantalones
le pantalon

jeans
le jean

pollera
la jupe

blusa
le chemisier

camisa
la chemise

pulóver
le pull

buzo
le sweat à capuche

blazer
la veste

campera
la veste

tapado
le manteau

piloto
l'imperméable

traje
le costume

vestido
la robe

vestido de novia
la robe de mariée

traje
le costume

camisón
la chemise de nuit

pijama
le pyjama

sari
le sari

pañuelo para cabeza
le foulard

turbante
le turban

burka
la burqa

caftán
le caftan

abaya
l'abaya

traje de baño
le maillot de bain

short de baño
le maillot de bain

shorts
le short

jogging
la tenue d'entraînement

delantal
le tablier

guantes
les gants

botón

le bouton

anteojos

les lunettes

pulsera

le bracelet

collar

le collier

anillo

la bague

aro

la boucle d'oreille

gorra

le bonnet

percha

le cintre

sombrero

le chapeau

corbata

la cravate

cierre

la fermeture éclair

casco

le casque

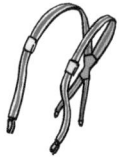

tiradores

les bretelles

uniforme escolar

l'uniforme scolaire

uniforme

l'uniforme

babero

le bavoir

chupete

la sucette

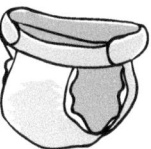

pañal

la lange

oficina
le bureau

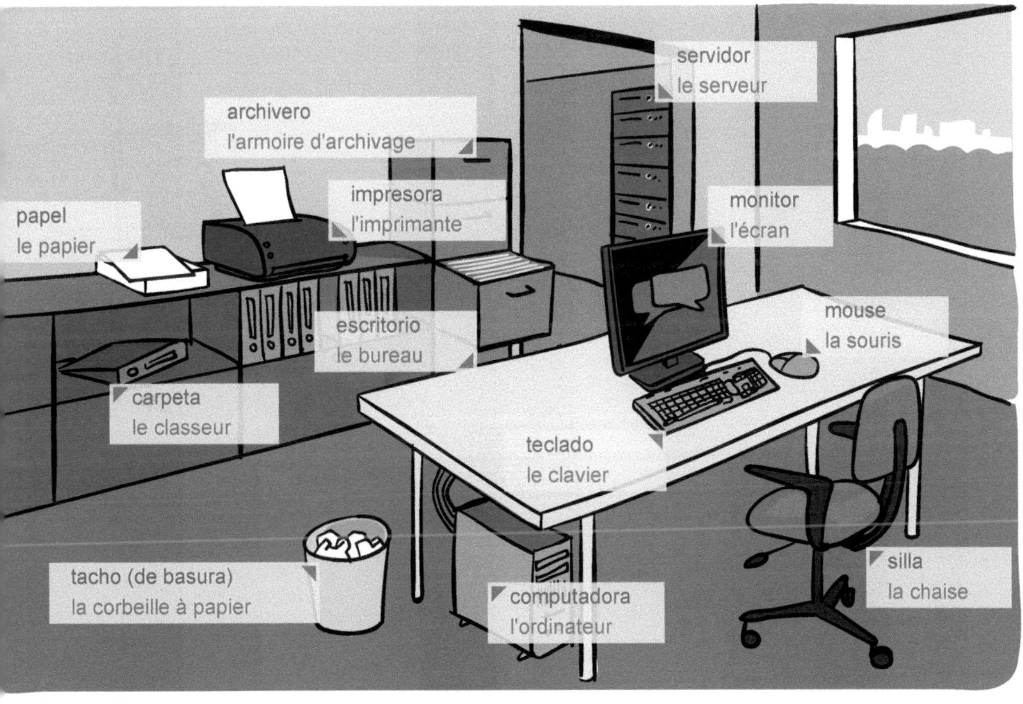

servidor
le serveur

archivero
l'armoire d'archivage

impresora
l'imprimante

monitor
l'écran

papel
le papier

escritorio
le bureau

mouse
la souris

carpeta
le classeur

teclado
le clavier

tacho (de basura)
la corbeille à papier

computadora
l'ordinateur

silla
la chaise

taza de café

la tasse de café

calculadora

la calculatrice

internet

l'internet

laptop

l'ordinateur portable

carta

la lettre

mensaje

le message

celular

le portable

red

le réseau

fotocopiadora

la photocopieuse

software

le logiciel

teléfono

le téléphone

tomacorriente

la prise

fax

le fax

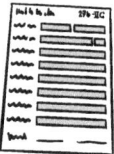

formulario

le formulaire

documento

le document

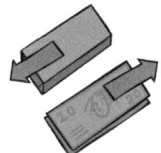

comprar

acheter

pagar

payer

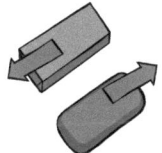

hacer negocios

faire du commerce

dinero

la monnaie

 **USD**

dólar

le dollar

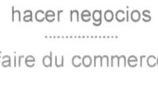 **EUR**

euro

l'euro

 **JPY**

yen

le yen

 **RUB**

rublo

le rouble

 **CHF**

franco suizo

le franc suisse

 **CNY**

yuan

le renminbi yuan

 **INR**

rupia

la roupie

cajero automático

le distributeur automatique

casa de cambio

le bureau de change

oro

l'or

plata

l'argent

petróleo

le pétrole

energía

l'énergie

precio

le prix

contrato

le contrat

impuesto

la taxe

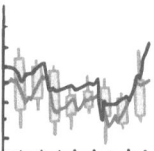

acción

l'action

trabajar

travailler

empleado

l'employé

empleador

l'employeur

fábrica

l'usine

negocio

le magasin

ocupaciones
les professions

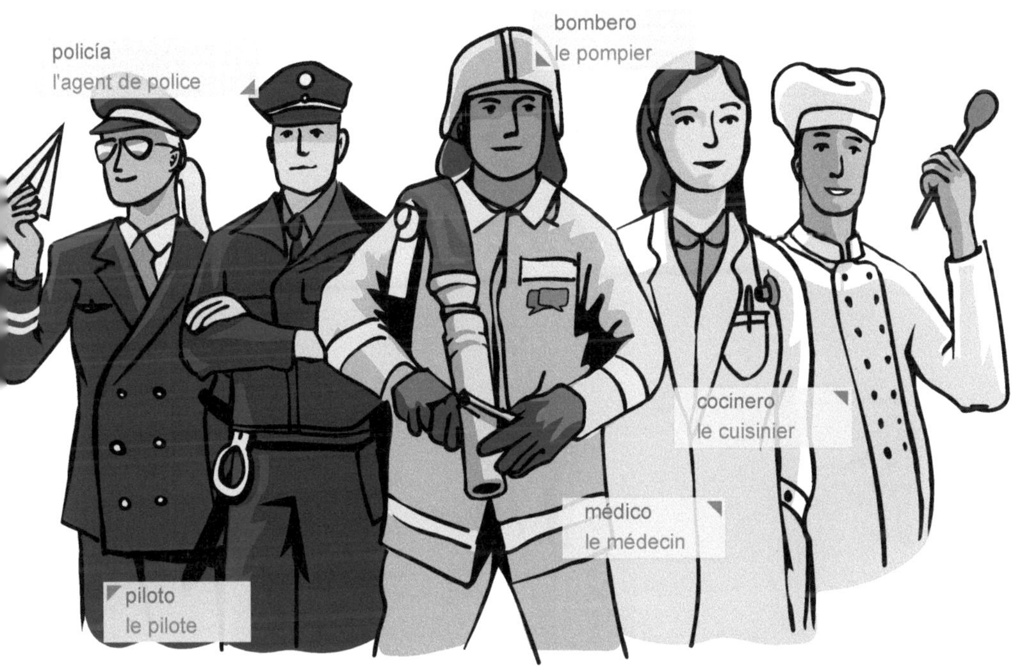
bombero
le pompier
policía
l'agent de police
cocinero
le cuisinier
médico
le médecin
piloto
le pilote

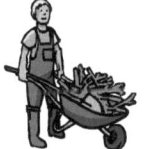

jardinero

le jardinier

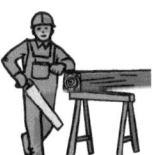

carpintero

le menuisier

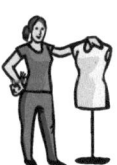

modista

la couturière

juez

le juge

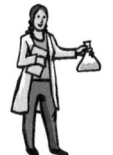

farmacéutico

le chimiste

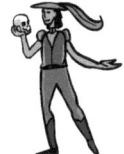

actor

l'acteur

colectivero

le conducteur de bus

taxista

le chauffeur de taxi

pescador

le pêcheur

mucama

la femme de ménage

techista

le couvreur

mozo

le serveur

cazador

le chasseur

pintor

le peintre

panadero

le boulanger

electricista

l'électricien

albañil

l'ouvrier

ingeniero

l'ingénieur

carnicero

le boucher

plomero

le plombier

cartero

le facteur

soldado

le soldat

arquitecto

l'architecte

cajero

le caissier

florista

le fleuriste

peluquero

le coiffeur

cobrador

le contrôleur

mecánico

le mécanicien

capitán

le capitaine

dentista

le dentiste

científico

le scientifique

rabino

le rabbin

imán

l'imam

monje

le moine

sacerdote

le prêtre

herramientas
les outils

tenaza
les pinces
martillo
le marteau
destornillador
le tournevis
llave
la clé
linterna
la torche

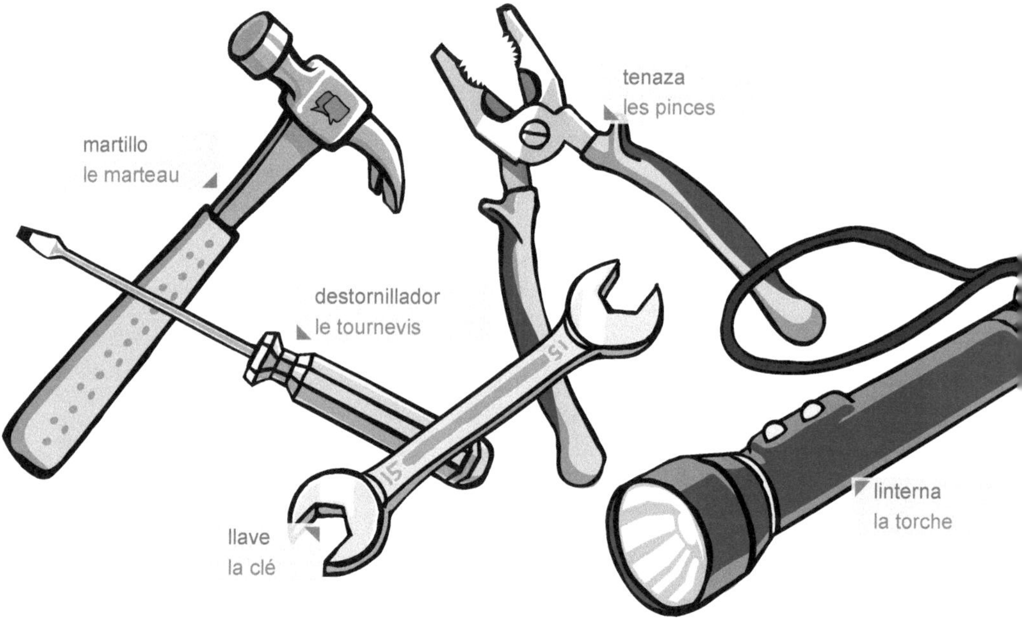

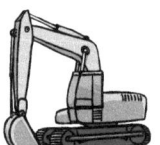

excavadora

la pelleteuse

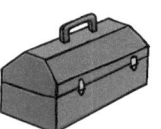

caja de herramientas

la boîte à outils

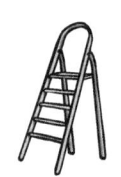

escalera portátil

l'échelle

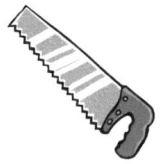

sierra

la scie

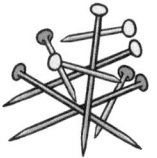

clavos

les clous

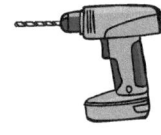

taladro

la perceuse

arreglar
réparer

pala de jardín
la pelle

¡Qué bronca!
Mince !

pala de plástico
la pelle

tacho de pintura
le pot de peinture

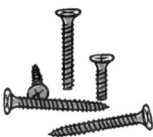

tornillos
les vis

instrumentos musicales
les instruments de musique

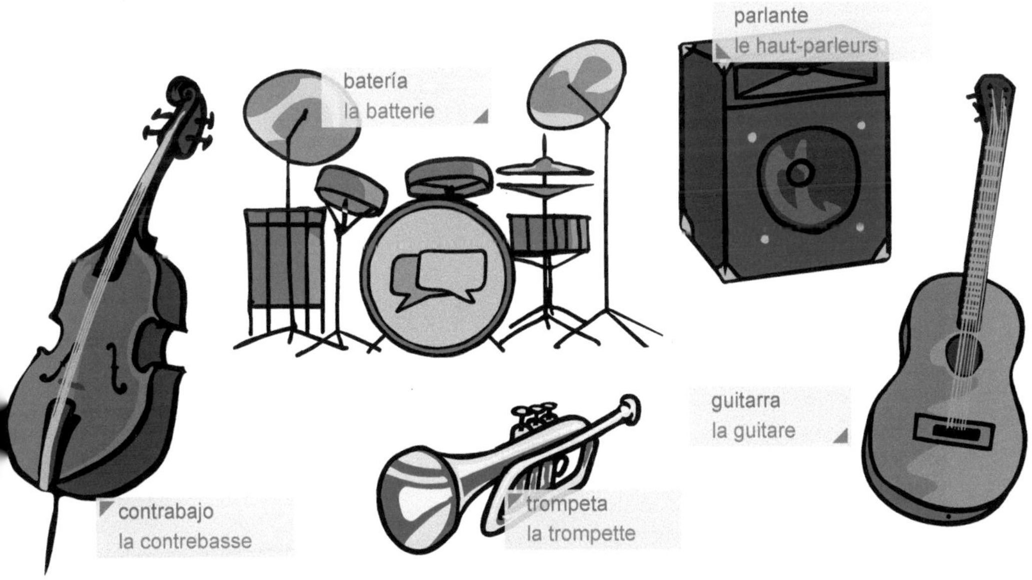

batería
la batterie

parlante
le haut-parleurs

guitarra
la guitare

contrabajo
la contrebasse

trompeta
la trompette

piano

le piano

violín

le violon

bajo

la basse

timbales

les timbales

tambor

le tambour

teclado

le piano électrique

saxofón

le saxophone

flauta

la flûte

micrófono

le microphone

zoológico
le zoo

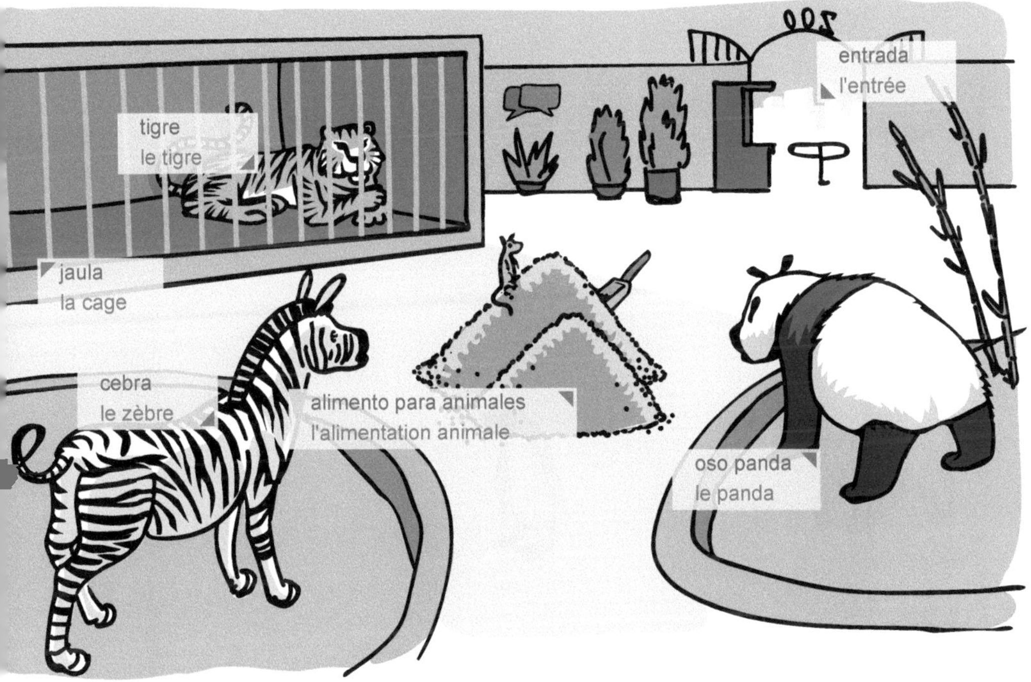

tigre
le tigre
entrada
l'entrée
jaula
la cage
cebra
le zèbre
alimento para animales
l'alimentation animale
oso panda
le panda

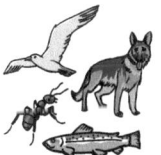

animales
les animaux

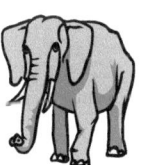

elefante
l'éléphant

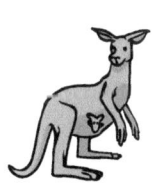

canguro
le kangourou

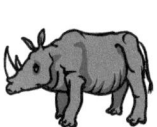

rinoceronte
le rhinocéros

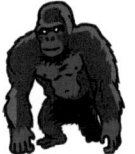

gorila
le gorille

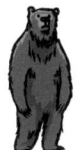

oso
l'ours

camello

le chameau

avestruz

l'autruche

león

le lion

mono

le singe

flamenco

le flamand rose

loro

le perroquet

oso polar

l'ours polaire

pingüino

le pingouin

tiburón

le requin

pavo real

le paon

serpiente

le serpent

cocodrilo

le crocodile

cuidador del zoológico

le gardien de zoo

foca

le phoque

jaguar

le jaguar

zoológico - le zoo

poni

le poney

leopardo

le léopard

hipopótamo

l'hippopotame

jirafa

la girafe

águila

l'aigle

jabalí

le sanglier

pescado

le poisson

tortuga

la tortue

morsa

le morse

zorro

le renard

gacela

la gazelle

fútbol americano
l'american Football

ciclismo
le cyclisme

tenis
le tennis

básquet
le basket-ball

natación
la natation

hockey sobre hielo
le hockey sur glace

boxeo
la boxe

fútbol
le football

bádminton
le badminton

atletismo
l'athlétisme

handball
le handball

esquí
le ski

polo
le polo

actividades
les activités

saltar
sauter
abrazar
embrasser
reír
rire
caminar
marcher
cantar
chanter
soñar
rêver
rezar
prier
besar
faire la bise

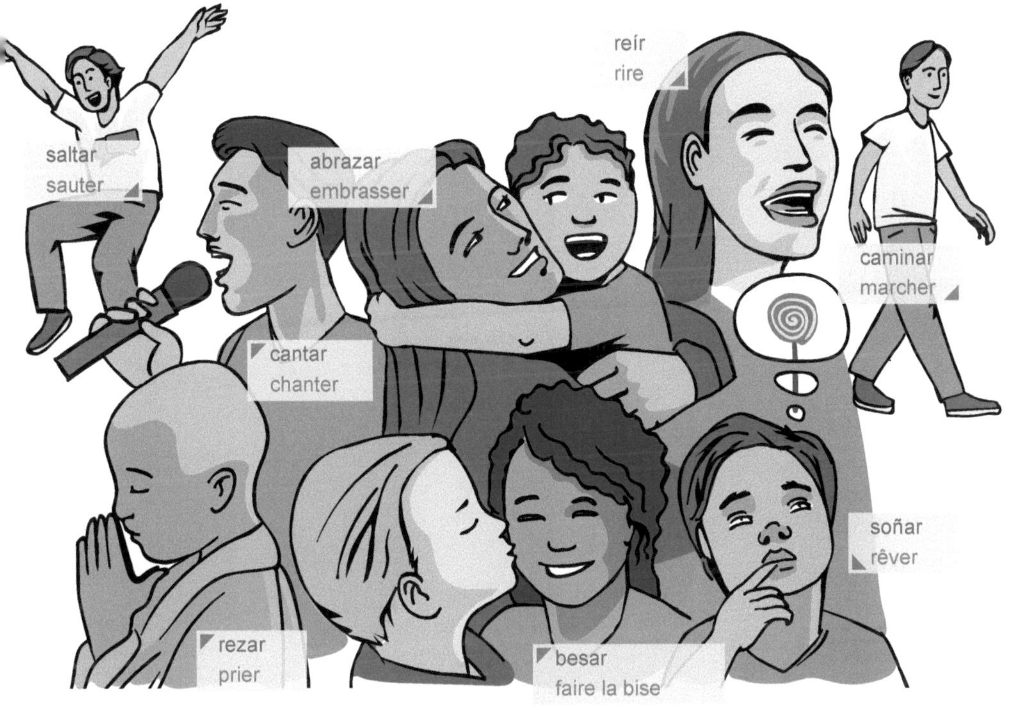

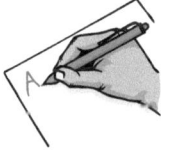

escribir

écrire

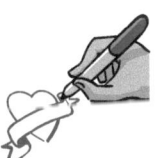

dibujar

dessiner

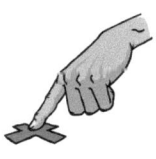

mostrar

montrer

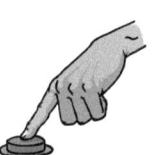

presionar

pousser

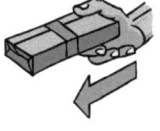

dar

donner

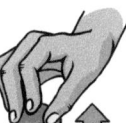

tomar

prendre

tener
avoir

hacer
faire

ser
être

estar parado
être debout

correr
courir

tirar
trier

tirar
jeter

caer
tomber

estar acostado
être couché

esperar
attendre

llevar
porter

estar sentado
être assis

vestirse
s'habiller

dormir
dormir

despertar
se réveiller

mirar

regarder

llorar

pleurer

acariciar

caresser

peinar

peigner

hablar

parler

entender

comprendre

preguntar

demander

escuchar

écouter

beber

boire

comer

manger

ordenar

ranger

amar

aimer

cocinar

cuire

manejar

conduire

volar

voler

navegar

faire de la voile

calcular

calculer

leer

lire

aprender

apprendre

trabajar

travailler

casarse

se marier

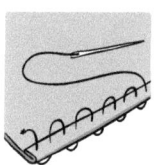

coser

coudre

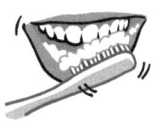

cepillarse los dientes

brosser les dents

matar

tuer

fumar

fumer

enviar

envoyer

ouela
grand-mère

abuelo
le grand-père

padre
le père

madre
la mère

bebé
le bébé

hija
la fille

hijo
le fils

invitado
l'hôte

tía
la tante

tío
l'oncle

hermano
le frère

hermana
la sœur

cuerpo
le corps

frente
le front
ojo
l'œil
cara
le visage
pera
le menton
pecho
la poitrine
dedo
le doigt
mano
la main
brazo
le bras
hombro
l'épaule
pierna
la jambe

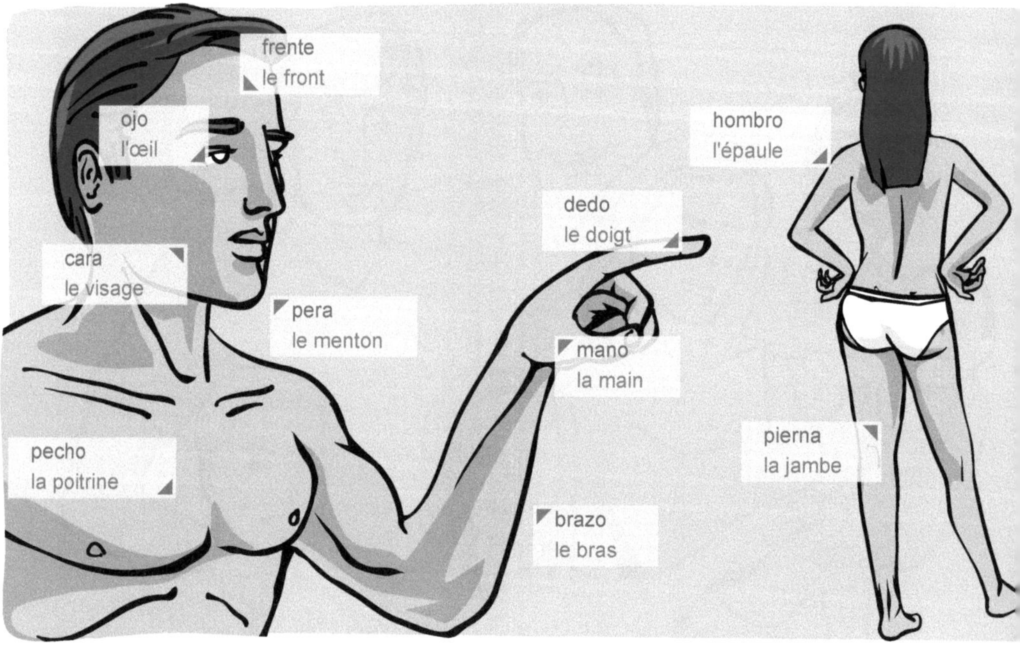

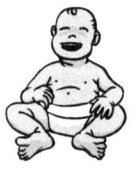

bebé

le bébé

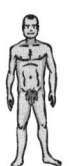

hombre

l'homme

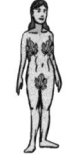

mujer

la femme

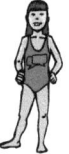

nena

la fille

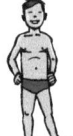

nene

le garçon

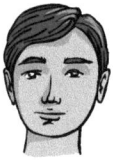

cabeza

la tête

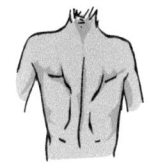

espalda

le dos

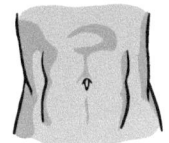

panza

le ventre

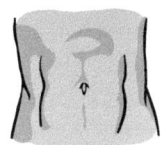

ombligo

le nombril

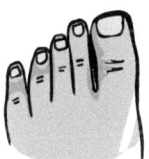

dedo del pie

l'orteil

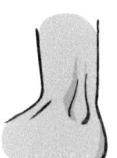

talón

le talon

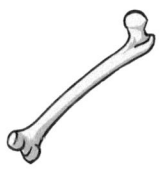

hueso

l'os

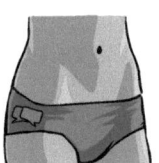

cadera

la hanche

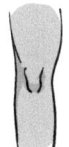

rodilla

le genou

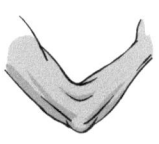

codo

le coude

nariz

le nez

cola

les fesses

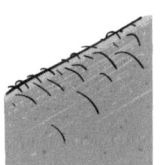

piel

la peau

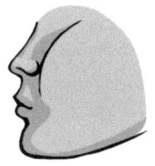

cachete

la joue

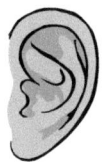

oreja

l'oreille

labio

la lèvre

boca

la bouche

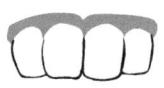

diente

la dent

lengua

la langue

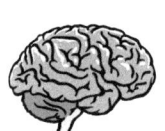

cerebro

le cerveau

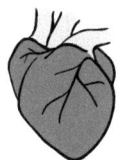

corazón

le cœur

músculo

le muscle

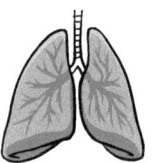

pulmón

les poumons

hígado

le foie

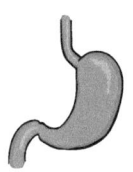

estómago

l'estomac

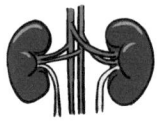

riñones

les reins

sexo

le rapport sexuel

preservativo

le préservatif

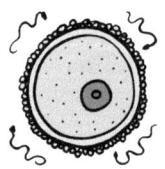

óvulo

l'ovule

semen

le sperme

embarazo

la grossesse

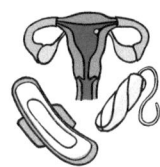

menstruación

la menstruation

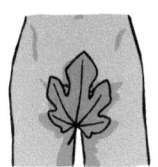

vagina

le vagin

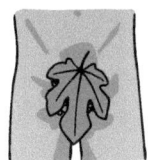

pene

le pénis

ceja

le sourcil

pelo

les cheveux

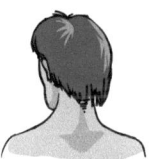

cuello

le cou

hospital
l'hôpital

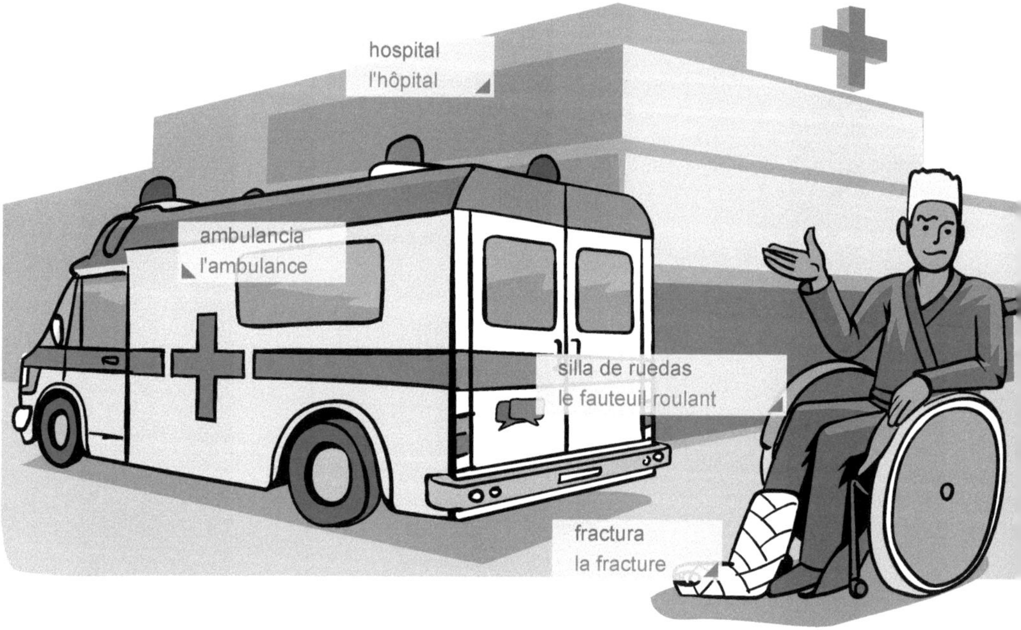

hospital
l'hôpital
ambulancia
l'ambulance
silla de ruedas
le fauteuil roulant
fractura
la fracture

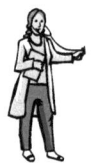

médico
....
le médecin

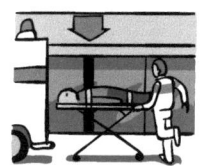

sala de guardia
....
le service des urgences

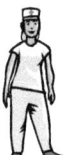

enfermera
....
l'infirmière

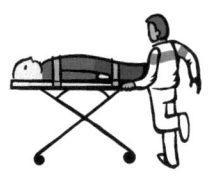

emergencia
....
l'urgence

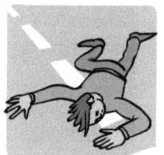

inconsciente
....
inconscient

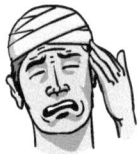

dolor
....
la douleur

lesión
....
la blessure

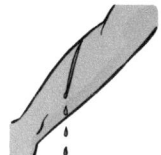

hemorragia
....
l'hémorragie

infarto
....
la crise cardiaque

ACV
....
l'attaque cérébrale

alergia
....
l'allergie

tos
....
la toux

fiebre
....
la fièvre

gripe
....
la grippe

diarrea
....
la diarrhée

dolor de cabeza
....
le mal de tête

cáncer
....
le cancer

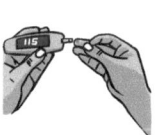

diabetes
....
le diabète

cirujano
....
le chirurgien

bisturí
....
le scalpel

operación
....
l'opération

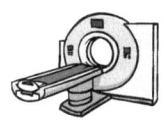

TC

le CT

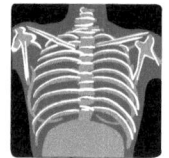

rayos x

la radiographie

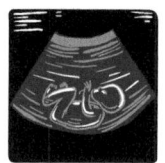

ecografía

l'échographie

barbijo

le masque

enfermedad

la maladie

sala de espera

la salle d'attente

muleta

la béquille

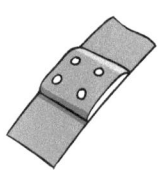

curita

le pansement

venda

le pansement

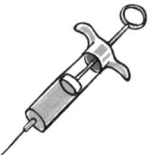

inyección

l'injection

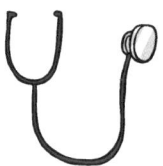

estetoscopio

le stéthoscope

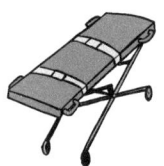

camilla

le brancard

termómetro

le thermomètre

nacimiento

l'accouchement

sobrepeso

la surcharge pondérale

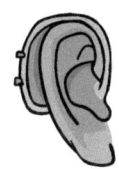

audífono

l'appareil auditif

desinfectante

le désinfectant

infección

l'infection

virus

le virus

VIH / SIDA

le VIH / le sida

remedio

le médicament

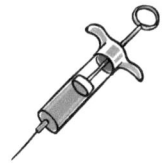

vacunación

la vaccination

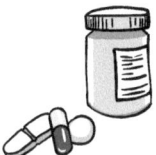

comprimidos

les comprimés

pastilla anticonceptiva

la pilule

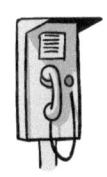

llamada de emergencia

l'appel d'urgence

tensiómetro

le tensiomètre

enfermo / sano

malade / sain

¡Ayuda!

Au secours !

agresión

l'assaut

alarma

l'alarme

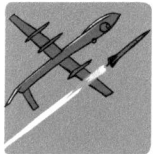

ataque

l'attaque

peligro

le danger

salida de emergencia

la sortie de secours

¡Fuego!

Au feu!

matafuego

l'extincteur

accidente

l'accident

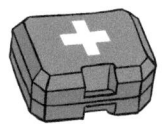

botiquín de primeros
auxilios

la trousse de premier
secours

SOS

SOS

policía

la police

Europa

l'Europe

América del Norte

l'Amérique du Nord

América del Sur

l'Amérique du Sud

África

l'Afrique

Asia

l'Asie

Australia

l'Australie

Atlántico

l'Océan atlantique

Pacífico

l'Océan pacifique

Océano Índico

l'Océan indien

Océano Antártico

l'Océan antarctique

Océano Ártico

l'Océan arctique

polo norte

le Pôle nord

polo sur

le Pôle sud

Antártida

l'Antarctique

Tierra

la terre

tierra

le pays

mar

la mer

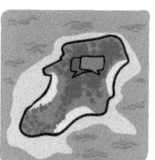

isla

l'île

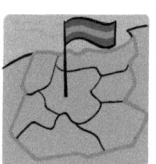

nación

la nation

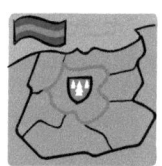

estado

l'état

esfera

le cadran

manecilla de las horas

l'aiguille des heures

minutero

l'aiguille des minutes

segundero

l'aiguille des secondes

¿Qué hora es?

Quelle heure est-il ?

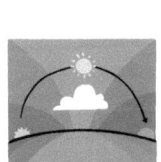

día

le jour

hora

le temps

ahora

maintenant

reloj digital

la montre digitale

minuto

la minute

hora

l'heure

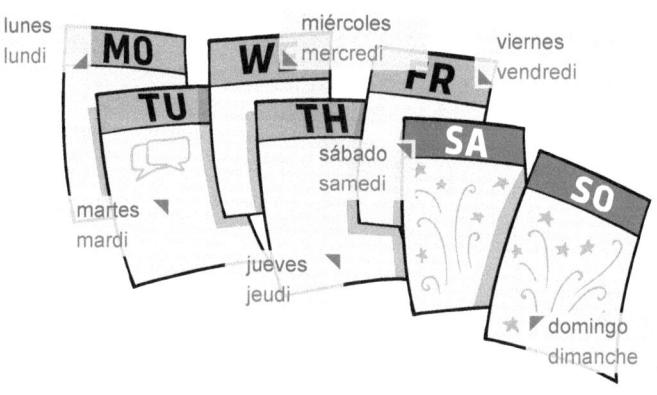

lunes
lundi

miércoles
mercredi

viernes
vendredi

martes
mardi

sábado
samedi

jueves
jeudi

domingo
dimanche

ayer

hier

hoy

aujourd'hui

mañana

demain

mañana

le matin

mediodía

le midi

tarde

le soir

MO	TU	WE	TH	FR	SA	SU
1	2	3	4	5	6	7
8	9	10	11	12	13	14
15	16	17	18	19	20	21
22	23	24	25	26	27	28
29	30	31	1	2	3	4

días hábiles

les jours ouvrables

MO	TU	WE	TH	FR	SA	SU
1	2	3	4	5	6	7
8	9	10	11	12	13	14
15	16	17	18	19	20	21
22	23	24	25	26	27	28
29	30	31	1	2	3	4

fin de semana

le week-end

año

l'année

lluvia
la pluie
arco iris
l'arc-en-ciel
nieve
la neige
viento
le vent
primavera
le printemps
otoño
l'automne
verano
l'été
invierno
l'hiver

4.APRIL 11°
5.APRIL 4°
6.APRIL 13°
7.APRIL 0°
8.APRIL 10°

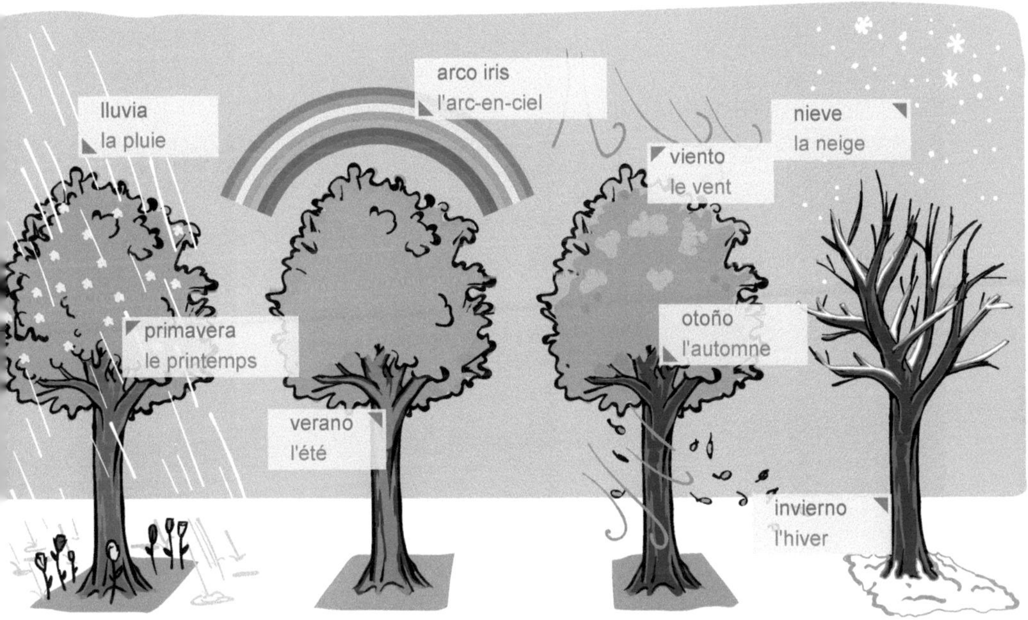

pronóstico meteorológico

la météo

F
C
120
90
60
30
0
-30
40
30
20
10
0
-10
-20

termómetro

le thermomètre

luz del sol

la lumière du soleil

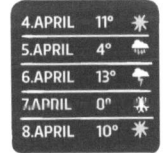

nube

le nuage

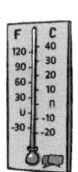

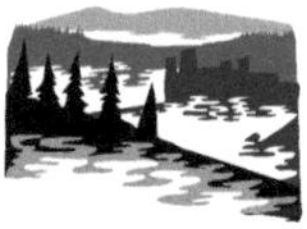

niebla

le brouillard

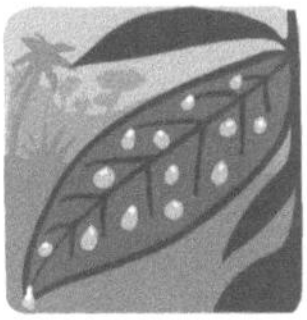

humedad

l'humidité

rayo

la foudre

trueno

la tonnerre

tormenta

la tempête

granizo

la grêle

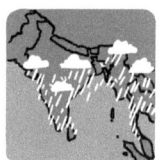

monzón

la mousson

inundación

l'inondation

hielo

la glace

enero

janvier

febrero

février

marzo

mars

abril

avril

mayo

mai

junio

juin

julio

juillet

agosto

août

año - l'année

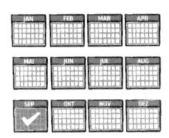

septiembre
....
septembre

octubre
....
octobre

noviembre
....
novembre

diciembre
....
décembre

formas
les formes

círculo
....
le cercle

cuadrado
....
le carré

rectángulo
....
le rectangle

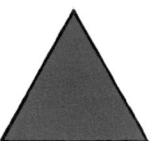

triángulo
....
le triangle

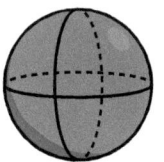

esfera
....
la sphère

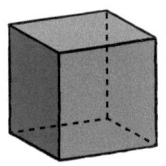

cubo
....
le cube

blanco

blanc

amarillo

jaune

naranja

orange

rosa

rose

rojo

rouge

violeta

violet

azul

bleu

verde

vert

marrón

marron

gris

gris

negro

noir

mucho / poco

beaucoup / peu

enojado / tranquilo

fâché / calme

lindo / feo

joli / laid

principio / fin

le début / la fin

grande / chico

grand / petit

claro / oscuro

clair / obscure

hermano / hermana

frère / soeur

limpio / sucio

propre / sale

completo / incompleto

complet / incomplet

día / noche

le jour / la nuit

muerto / vivo

mort / vivant

ancho / angosto

large / étroit

comestible / no comestible

comestible / incomestible

malo / amable

méchant / gentil

entusiasmado / aburrido

excité / ennuyé

gordo / flaco

gros / mince

primero / último

le premier / le dernier

amigo / enemigo

l'ami / l'ennemi

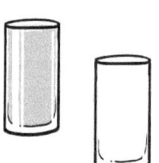

lleno / vacío

plein / vide

duro / blando

dur / souple

pesado / liviano

lourd / léger

hambre / sed

faim / soif

enfermo / sano

malade / sain

ilegal / legal

illégal / légal

inteligente / estúpido

intelligent / stupide

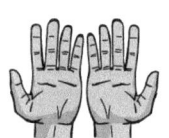

izquierda / derecha

gauche / droite

cerca / lejos

proche / loin

nuevo / usado

nouveau / usé

nada / algo

rien / quelque chose

viejo / joven

vieux / jeune

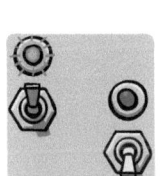

encendido / apagado

marche / arrêt

abierto / cerrado

ouvert / fermé

silencioso / ruidoso

faible / fort

rico / pobre

riche / pauvre

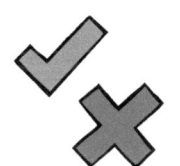

correcto / incorrecto

correct / incorrect

áspero / suave

rugueux / lisse

triste / contento

triste / heureux

corto / largo

court / long

lento / rápido

lent / rapide

mojado / seco

mouillé / sec

caliente / frío

chaud / froid

guerra / paz

la guerre / la paix

0

cero

zéro

1

uno

un / une

2

dos

deux

3

tres

trois

4

cuatro

quatre

5

cinco

cinq

6

seis

six

7

siete

sept

8

ocho

huit

9

nueve

neuf

10

diez

dix

11

once

onze

12
doce
douze

13
trece
treize

14
catorce
quatorze

15
quince
quinze

16
dieciséis
seize

17
diecisiete
dix-sept

18
dieciocho
dix-huit

19
diecinueve
dix-neuf

20
veinte
vingt

100
cien
cent

1.000
mil
mille

1.000.000
millón
le million

inglés

l'anglais

inglés americano

l'anglais américain

chino mandarín

le chinois mandarin

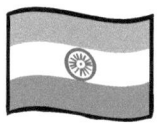

hindi

le hindi

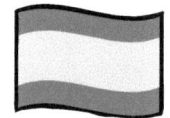

español

l'espagnol

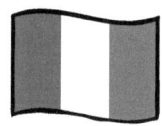

francés

le français

árabe

l'arabe

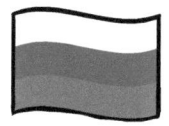

ruso

le russe

portugués

le portugais

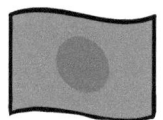

bengalí

le bengali

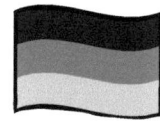

alemán

l'allemand

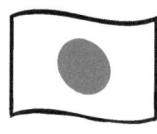

japonés

le japonais

yo
je

vos
tu

él / ella
il / elle / ce, c', cela

nosotros
nous

ustedes
vous

ellos
ils / elles

¿quién?
Qui ?

¿qué?
Quoi ?

¿cómo?
Comment ?

¿dónde?
Où ?

¿cuándo?
Quand ?

nombre
le nom

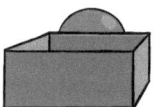

detrás

derrière

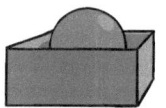

en

dans

adelante de

devant

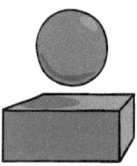

por encima de

au-dessus

sobre

sur

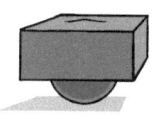

debajo de

en-dessous

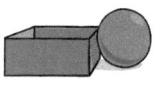

al lado de

à côté de

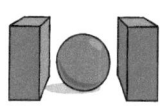

entre

entre

lugar

le lieu